Le Géant Egoïste

Chaque jour, après l'école, les enfants d'une lointaine cité, allaient jouer dans le jardin du Géant. C'était vraiment un fort bel endroit, avec une grande prairie verte, parsemée çà et là de fleurs de toutes formes et de toutes couleurs. L'on y trouvait des bleuets, des gueules-de-loups, des roses sauvages, des asters, des violettes, des renoncules et bien d'autres. La prairie, en outre, était entourée d'arbres fruitiers, des pommiers, des cerisiers, des pêchers et ainsi de suite. Ils s'émaillaient de délicates petites fleurs, au printemps ; ils procuraient ombre et fraîcheur en été et, à l'automne, leurs fruits mûris au soleil étaient dorés et gorgés de jus. Dans ce beau jardin, même l'hiver n'était pas triste car la neige et le gel le ciselaient si joliment qu'il semblait enchanté.

Un beau jour, le Géant qui demeurait dans le château entouré de ce jardin merveilleux, revint chez lui. Il avait été absent durant sept années et avait passé tout ce temps auprès d'un ami dans un autre pays. Quand il se rendit au jardin et vit tous les enfants qui y jouaient, il se mit fort en colère au lieu de se réjouir. « Que faites-vous ici ? Qui vous a autorisés à pénétrer dans MON jardin ? » hurla-t-il de sa grosse voix.

Les enfants prirent peur et s'enfuirent en courant.

« Je ne veux plus vous voir ici, compris ? » cria encore le Géant, qui était fort égoïste.

Puis, il fit construire autour de sa propriété un mur si haut que même un adulte n'aurait pu l'escalader. Comme si cela ne suffisait pas, il prépara un grand écriteau sur lequel il inscrivit : ENTRÉE INTERDITE AUX PERSONNES ÉTRANGÈRES et il le suspendit à la grille cadenassée.

Les enfants en furent bien sûr très attristés. Ils n'avaient plus d'endroit où jouer et ils revinrent bien souvent rôder près du mur en espérant que le Géant changerait d'avis. Mais ce gaillard semblait posséder un cœur de pierre.

ENTRÉE INTERDITE AUX PERSONNES ÉTRANGÈRES!

L'hiver vint, recouvrant toutes choses d'un manteau à la blancheur éclatante, et puis, le printemps montra enfin son nez. L'herbe verte se mit à poindre, les arbres se tapissèrent de bourgeons et le soleil passa sa tête à travers les nuages blancs qui glissaient, poussés par une brise légère.

Seul le jardin du Géant Egoïste subissait encore l'hiver. Les petits oiseaux n'avaient pas le courage de chanter dans un endroit où il n'y avait plus d'enfants et les arbres oublièrent de fleurir dans ce silence oppressant. Mais la Neige et le Gel se réjouissaient. « Ce jardin est merveilleux », disait la Neige en parsemant de ses flocons toute la prairie. « J'en suis bien d'accord » répondait le Gel et son souffle glacé ciselait d'argent les arbres.

« Pourquoi ne demandons-nous pas au Vent du Nord de nous rejoindre ? », proposa la Neige. Le Vent accepta l'invitation et se mit à souffler sur les arbres et le château. A son passage, la neige se soulevait en un nuage blanc et glacial enveloppant tout le jardin.

Du haut de son manoir obscur, le Géant observait tristement le spectacle.

« Pourquoi le printemps tarde-t-il tant ? Je n'ai jamais vu un hiver si long et si froid... »

De longues journées sombres et solitaires s'écoulèrent avant qu'un beau matin survînt quelque chose de différent ! Une musique douce, mélodieuse et gaie tintait aux oreilles du Géant.

« Sont-ce les musiciens du roi ? Peut-être annoncent-ils le printemps ! »

Le Géant courut à la fenêtre et ce qu'il vit le laissa sans voix. Plusieurs enfants avaient réussi à pénétrer dans le jardin par une brèche du mur et ils chevauchaient les branches des arbres qui, trop heureux de les revoir, s'étaient épanouis à l'improviste et recouverts de délicats bourgeons. Les petits oiseaux gazouillaient de joie — c'était la musique qui avait tinté aux oreilles du Géant — et se posaient gaiement sur les épaules des enfants. Seul un coin du jardin restait toujours en hiver. Et le Géant, en y regardant de plus près, vit un tout petit bambin qui pleurait de désespoir car il n'arrivait pas à grimper dans l'arbre. Les branches ployaient vers lui mais ses toutes petites mains ne parvenaient pas à les attraper.

« Je comprends maintenant... dit le Géant, mon égoïsme a retenu le printemps ! Je ne voulais pas que les enfants jouent dans mon jardin et j'ai été puni ! Cela n'arrivera plus ! Je vais aider ce petit à escalader l'arbre et ainsi l'hiver sera chassé de cet endroit aussi... »

Le Géant sortit en courant du château et se dirigea vers les enfants. Ceux-ci prirent peur en le voyant, pensant qu'il s'apprêtait à les expulser. Ils s'enfuirent et se dispersèrent bien vite.

« Ne partez pas, revenez ! cria le Géant. Je ne voulais pas vous effrayer, j'ai finalement compris que le printemps ne peut exister sans vous... ».

Et, en effet, l'hiver revint. La Neige et le Gel prirent à nouveau possession des arbres et tissèrent leur toile glacée.

Le Géant entendit encore les pleurs du petit enfant qui ne parvenait pas à grimper dans l'arbre et le rejoignit pour lui dire : « Ne pleure pas, tu es le seul à être resté et je vais t'aider à monter. » Et tout en parlant, il le souleva délicatement et l'assit sur une branche. A cet instant précis, l'arbre se mit à fleurir, la neige fondit et les petits oiseaux reprirent leurs gazouillis. Le bambin, tout heureux, mit ses bras autour du cou du Géant devenu bon et l'embrassa.

Les oiseaux partirent à tire d'aile pour rappeler les autres enfants. Ceux-ci accoururent joyeux et, voyant que le Géant avait changé, se précipitèrent vers lui sans crainte.

« Mes enfants, il ne faut plus avoir peur de moi, j'ai compris mon erreur. Pour vous le prouver, je ferai abattre le mur et vous pourrez venir jouer ici à votre guise. »

Et il en fut ainsi. Tous les jours après l'école, les enfants ravis se rendaient dans le jardin du Géant et tout le monde le voyait jouer avec les petits. Les saisons se succédèrent à nouveau normalement et l'on attendait toujours avec joie le printemps. Le Géant n'était plus solitaire mais entouré d'enfants qui l'aimaient.

Cependant, une pensée le tourmentait sans cesse : qu'était devenu le tout-petit qu'il avait aidé et n'avait jamais plus revu. Il avait disparu ce jour-là et, comme aucun des enfants ne le connaissait, le Géant n'avait pu retrouver sa trace.

« Eh, bien ? demanda le Géant aux enfants, vous n'avez toujours pas de nouvelles de mon petit ami ? » Mais les enfants secouèrent la tête car personne ne savait où il se trouvait.

Quelques années s'écoulèrent ainsi et le bon Géant vieillissait sereinement, toujours entouré d'enfants en liesse.

Un soir d'hiver, alors que le Gel s'était amusé à émailler les arbres de rosaces de glace, le Géant se pencha à la fenêtre et... miracle !

Tout au fond du jardin, il vit un arbre en fleurs. Ses branches brillaient de mille feux et ses dizaines de fleurs avaient pris une couleur argentée. Sous l'arbre était assis le petit bambin que le Géant avait cherché si longtemps.

Comment était-ce possible ? Tant d'années avaient passé et il retrouvait l'enfant exactement à l'endroit où il l'avait aperçu pour la première fois. Le Géant s'approcha pour le prendre dans ses bras et il ne put s'empêcher de lui demander : « Dis-moi, mon cher petit, comment se fait-il que, pour toi, le temps semble s'être arrêté ? Regarde mes cheveux tout blancs et mon visage rempli de rides. Toi, en revanche... ».

Le petit garçon sourit et son visage s'illumina.

« Moi, lui répondit-il, je suis l'esprit de la Bonté et le temps n'existe pas pour moi. Pendant toutes ces années, je t'ai observé pour voir si ton repentir était sincère : maintenant j'en suis sûr et, comme tu m'as permis autrefois de jouer dans ton jardin, je suis venu t'inviter à jouer dans le mien.

— J'accepte ton invitation avec grand plaisir » répliqua avec joie le Géant « Mais... où est-il donc ton jardin ?

— Au bout de cette route multicolore. » Et l'enfant lui indiqua le magnifique arc-en-ciel qui venait d'apparaître dans le ciel. « Viens avec moi », ajouta-t-il et, prenant le vieux Géant par la main, il s'engagea avec lui sur cette voie fantastique.

Lorsque les enfants arrivèrent au château cet après-midi-là, ils trouvèrent le Géant endormi pour toujours sous l'arbre dont les fleurs argentées se reflétaient sur son visage en une douce caresse.

FIN